인류 진보의 핵심적인 역할

비판적 사고력

글 마르크 가스콘 | 그림 에두아르드 알타리바 | 옮김 손성화

아름다운사람들

글 　마르크 가스콘

마르크 가스콘은 바르셀로나에서 경영과 역사를 공부한 뒤 여러 다국적기업에서 전문가로 일했습니다. 문화적 배경이 다양한 팀을 이끌고, 세계 각지에서 온 사람들과 교류하면서 비판적 사고력의 중요성을 깨달았습니다. 이러한 경험을 바탕으로 《비판적 사고력》를 쓰게 되었습니다. 폴란드, 영국, 미국을 거쳐 지금은 가족과 함께 네덜란드에서 살고 있습니다.

그림 　에두아르드 알타리바

에두아르드 알타리바는 디자이너이자 일러스트레이터입니다. 여러 해 동안 어린이를 대상으로 한 그래픽 커뮤니케이션 분야에 몸담아 왔습니다. 비정부기구에서 처음 경력을 쌓기 시작해 지금은 어린이를 위한 각종 창작물을 제작하는 독립 스튜디오 〈알라바발라〉를 운영하고 있습니다. 또 《처음 읽는 양자물리학》, 《버려진 도서관(The Abandoned Library)》, 《전쟁이란 무엇인가(What is War)》, 《이민자들(Migrants)》 등 어린이 논픽션 책을 전문적으로 만들고 있습니다.

옮김 　손성화

대학교에서 역사와 정치, 국제관계를 공부했습니다. 신문기자로 일하다가 지금은 바른번역 소속 번역가로서 영어로 쓰인 좋은 책들을 우리말로 옮기는 일을 하고 있습니다. 옮긴 책으로 〈하이에나 패밀리〉 시리즈, 《세상에 도전한 위대한 여성들》, 《지구의 마지막 소녀》 등이 있습니다.

비판적으로 생각하는 사람이야말로 인류의 진보에 핵심적인 역할을 해왔어요. 무지, 미신, 편견, 신화, 독단, 불의와 싸우면서요. 지금은 그 어느 때보다 비판적으로 생각할 줄 아는 사람이 필요한 시기예요. 예전부터 지속되어 온 해묵은 과제와 더불어 새로운 기술에 지대한 영향을 받는 상황에 대처해야 하니까요. 인터넷과 소셜미디어, 인공지능의 발달에 힘입어 조작과 허위정보, 감시가 더욱 흔해지고 광범위해진 오늘날의 상황에 말이죠.

다행히 낙관적인 시각을 가질 만한 이유가 있어요. 비판적으로 생각하는 능력은 학습과 훈련을 통해 얼마든지 키울 수 있기 때문이죠. 바로 이 책의 목표이기도 해요. 여러분이 더 비판적으로 생각하고, 호기심 어린 태도로 부당한 현상에 거듭 의문을 품고 질문할 수 있는 힘을 키워주는 책이랍니다.

차 례

1. 비판적 의견을 무시한 대가

권위에 대한 두려움이 부른 참사 … 12

지나친 자만심이 부른 비극 … 13

비판적 의견을 억누르는 집단사고에 도전하기 … 14

후쿠시마 원전사고: 막을 수 있었던 쓰나미 … 16

2. 역사에 관한 비판적 의문

공룡은 진짜 멸종되었을까? … 18

호모 사피엔스는 불을 발견하지 않았다? 불이 호모 사피엔스를 탄생시켰다? … 20

다른 인간 종은 어떻게 되었을까? … 21

트로이의 목마는 나무로 만든 말이라는데…. 혹시 그냥 장삿배는 아니었을까? … 22

'모아이' 조각상의 슬픔: 환경 파괴의 재앙일까? 외부인이 가져온 전염병일까? … 24

아메리카 대륙은 누구도 발견하지 않았다 … 26

3. 인간은 자연의 일부

다음 차례는: 생물 다양성과 야생동물 생각해 보기 … 28

사라지는 곤충: 어떻게 해야 꿀벌을 보호할 수 있을까? … 29

공장식 축산의 커다란 문제 … 30

대체 단백질 공급원을 찾아서 … 31

지구 행성을 위한 행동: 그린피스의 탄생 그레타 툰베리를 아세요? … 32

값싸고 손쉬운 환경오염 행위 … 34

4. 큰 회사들이 어째서 망하는 걸까?

혁신이 불가능한 관료주의:
제너럴 모터스의 파산 ··· 36

리먼 브라더스 사건 ··· 37

시대의 흐름을
읽지 못하는 위험성:
넷플릭스와 블록버스터 ··· 38

다르게 연결하기:
핀란드 노키아의 자만 ··· 39

투기가 불러온 거품:
시장이 이성을 잃을 때 ··· 40

5. 부당함과 불평등에 대항하기

여성참정권을 위한 오랜 투쟁 ··· 42

두 노벨 평화상 수상자의 꿈 ··· 44

교묘한 차별 알아내기 ··· 45

불평등과 빈곤에 대한 생각 ··· 46

6. 비판적으로 사고하는 능력 기르기

비판적 사고력 학교:
자기 자신의 발견과 문제 해결 능력 ··· 48

디지털 기술의 위험성:
거짓 정보와 자유의 침해 ··· 50

온라인 조작:
감시자는 누가 감시할 것인가? ··· 51

권력을 향해 진실을 말하는 태도 ··· 52

7. 과학과 비판적 사고

과학 박해:
400년 만의 반성문 ··· 54

최후의 승자 다윈:
원숭이라 놀림 받은 사나이 ··· 55

낙관적인 태도:
쓸데없는 자존심을 치료하는 최고의 백신 ··· 56

내가 틀릴 수 있다는 것을 받아들일 자세 ··· 57

천재의 조건:
태도가 차이를 만든다 ··· 58

"수많은 사람이 사과가 떨어지는 것을 봤지만

'왜?'라고 질문한 사람은 뉴턴뿐이었다."

- 버나드 바루크 (미국의 정치가·재정가)

1. 비판적 의견을 무시한 대가

과학·기술 프로젝트를 진행할 때는 비판적으로 생각하는 태도가 꼭 필요해요. 과신을 부르는 그릇된 추론을 막아서 심각한 결과를 초래하는 실패를 피할 수 있게 해주니까요.

권위주의 체제나 집단사고 환경에서는 역사상 최악의 참사 뒤에 숨겨진 실수와 같은 문제가 발생할 수 있어요. 중요한 결정을 하고 판단을 내릴 때 비판적으로 생각하는 태도가 부족하면 거대한 배가 침몰하거나 우주왕복선이 폭발하는 등 여러 재난 사건이 벌어질 수 있답니다.

권위에 대한 두려움이 부른 참사

1626년 스웨덴 왕 구스타프 2세 아돌프는 새 전함을 만들라고 명령했어요. 세계에서 가장 큰 규모를 뽐낼 군함이었죠.

폴란드와 전쟁을 치르는 스웨덴 해군에 힘을 실어줄 새 기함이었어요. 그런데 1628년 8월 10일 첫 항해에 나선지 불과 몇 분 만에 배가 가라앉고 말았어요. 해군기술자들이 그토록 규모가 큰 선박을 제작해 본 경험이 없는 데다, 왕에게 잘 보이고 싶어서 배의 안전성보단 장식과 화력에 집중한 탓이었죠.

출항하기 전 시험 운항에서 배가 불안정하다는 사실이 발견되었어요. 하지만 설계를 승인하고 건조를 서두른 왕이 실망할까 봐 겁이 나서 아예 보고도 하지 않았답니다.

지나친 자만심이 부른 비극

타이태닉호는 모두가 선망한 영국의 호화 원양 여객선이었어요. 그리스 신화에 나오는 거인 장사 '타이탄'의 이름을 딴 배였죠. 그런데 1912년 4월 잉글랜드 남동부의 항구도시 사우샘프턴을 출발해 미국 뉴욕으로 향하던 배는 항해를 시작한 지 나흘 만에 가라앉고 말았어요. 처음이자 마지막 항해가 되었죠.

당시 최첨단 선박이었던 타이태닉호는 '침몰하지 않는' 배로 불리기도 했어요. 하지만 거대한 빙산에 부딪혀 대서양 밑바닥에 가라앉았답니다.

커다란 얼음 덩어리들이 나타나자 다른 배들은 멈춰 섰어요. 그러나 타이태닉호를 이끈 선장과 항해사 등 고급선원들은 경고신호를 무시한 채 속도를 늦추지 않고 배를 몰았어요. 구명보트도 모든 승객을 태우기에는 턱없이 모자랐고요.

비판적 의견을 억누르는 집단사고에 도전하기

1985년 크리스타 매콜리프는 교사로서는 최초로 우주여행에 나서게 되었어요. 미국항공우주국(나사)에서 발사하는 우주왕복선 '챌린저호'의 승무원으로 뽑혔거든요. '챌린저'는 '도전자'라는 뜻이랍니다. 평범한 민간인이 우주로 가게 되자 언론의 관심이 쏟아졌죠.

발사 전날 저녁, 나사의 주요 협력업체에 근무하는 몇몇 기술자가 발사를 연기하자고 제안했어요. 날씨가 춥다는 이유로요. 가스 누출을 막기 위해 로켓에 장착한 고무 오링이 낮은 기온에서 제대로 작동할지 의문이라는 것이었죠.

발사를 추진해야 한다는 대다수 집단의견에 일부 기술자가 반대하고 나섰지만 나사의 관리자들은 반대의견을 낸 기술자들의 조언을 모조리 무시하고 발사를 승인했어요. 좀처럼 뒤집기 힘든 집단감정에 휩쓸려 시각이 한쪽으로 치우친 탓이었죠.

챌린저호는 발사된 지 몇 초 만에 폭발하고 말았답니다.

우리의 추론이나 결정은 때때로 직장이나 학교, 놀이모임처럼 자신이 속한 집단의 영향을 크게 받기도 해요. 그럴 경우 서로 부딪히는 일을 피하거나 집단에서 배척당하지 않으려고 일반적인 여론을 따르기 쉽죠.

후쿠시마 원전사고:
막을 수 있었던 쓰나미

일본은 가장 활동이 활발한 지진대에 자리한 나라예요. 전 세계 사람이 큰 해일을 뜻하는 용어로 일본말인 '쓰나미'를 사용할 정도죠. 그런데도 후쿠시마 핵발전소를 설계한 기술자들은 어째서 대지진과 쓰나미가 한꺼번에 닥칠 가능성을 고려하지 못했을까요? 지진의 위험성을 얕본 것이 분명해요.

2011년 후쿠시마 핵발전소에서 일어난 사고는 지진에 이은 14미터 높이의 쓰나미가 원인이었어요. 지진으로 전력망이 망가지고, 쓰나미가 비상 디젤 발전기를 덮치면서 원자로를 식히는 데 쓰여야 할 전력이 끊겼죠. 그 때문에 원자로 안에 있던 핵연료가 고열에 녹아내리면서 불이 쉽게 붙는 수소 가스가 생성되었어요. 결국 수소 폭발로 발전소가 파괴되면서 어마어마한 양의 방사성 물질 입자가 대기로 방출되었답니다.

2. 역사에 관한 비판적 의문

역사는 우리의 현재를 더욱 잘 이해하기 위해 과거를 연구하는 학문분야예요. 그런데 문제가 있어요. 과거의 사건은 다양하게 해석할 수 있다는 점이에요. 잘못 해석할 수도 있고요! 그러니 역사학자와 고고학자는 오래된 문서에서 새로운 정보를 찾아내거나, 유적지에서 유물을 발굴해내는 역할에 그쳐서는 안 돼요. 과거에 관한 오래된 가설에 질문을 던지고 이의를 제기해야 하죠. 역사 공부를 할 때도 온갖 이름과 날짜를 무작정 외우기보다 비판적으로 생각해 보는 자세가 더 중요하답니다.

공룡은 진짜 멸종되었을까?

1980년에 새로운 이론 하나가 등장했어요. 거대한 소행성이 지구와 충돌하는 바람에 공룡이 멸종했다는 '소행성 충돌설'이죠. 오늘날까지 일반적으로 받아들여지는 가설이에요.

약 6천 6백만 년 전, 멕시코 만에 소행성이 떨어지면서 기후변화가 발생했어요. 그 때문에 공룡이 대부분 사라지고 말았죠. 그런데 모조리 사라진 것은 아니에요. 조류는 수각류 공룡(날카로운 이빨과 발톱으로 무장한 육식 공룡)의 직계후손이거든요. 현재 1만 종이 넘는 조류가 지구상에 살고 있답니다. 그런데 공룡 후손인 조류는 어떻게 살아남았을까요? 아마도 몸집이 작은 편인 데다, 날 수 있고 물속 환경에서도 먹이를 찾을 수 있는 능력 덕분이었을 거예요.

이다음에 닭 날개를 먹을 때면 기억하세요. 실은 공룡의 후손을 먹고 있다는 걸요!

호모 사피엔스는 불을 발견하지 않았다?
불이 호모 사피엔스를 탄생시켰다?

인류가 제일 처음 불을 접한 시기는 150만 년이 넘는 시간을 거슬러 올라가야 해요. 그러니까 현생 인류인 호모 사피엔스가 불을 발견하지는 않았으리라고 짐작할 수 있죠. 그때는 호모 사피엔스가 등장하기 전이니까요. 호모 사피엔스가 불을 발견했다기보다 오히려 불이 호모 사피엔스를 탄생시키는데 기여했다고 볼 수 있죠.

불을 피워서 음식을 익혀 먹게 되자 고기 섭취량이 늘어났어요. 단백질과 지방을 더 많이 먹다 보니 초기 인류의 뇌는 갈수록 커졌죠. 익힌 음식은 소화가 잘 되니 내장은 갈수록 작아졌고요. 그뿐만이 아니에요. 불 덕분에 사회적 상호작용이 일어나고, 언어가 발달하게 되었답니다. 그러니까 실제로는 초기 인류가 불을 능숙하게 다루게 된 것이 호모 사피엔스의 출현에 핵심적인 역할을 했다고 볼 수 있죠.

불을 피우는 도구로 부싯돌을 줄곧 사용했다는 증거는 수십만 년 전으로 거슬러 올라가야 나와요.

다른 인간 종은 어떻게 되었을까?

여러분의 몸속에는 네안데르탈인의 유전자도 있어요!

현생인류는 아프리카에서 출발해 20만 년 동안 곳곳으로 이동하면서 퍼져나갔어요. 그런데 당시 유럽과 아시아에는 이미 네안데르탈인이나 데니소바인 등 다른 인간 종이 살고 있었어요. 말하자면 수천 년 동안 여러 인간 종이 공존한 셈이죠. 그러다가 약 4만 년 전쯤 호모 사피엔스가 다른 인류를 완전히 대체하면서 오늘날까지 유일하게 살아남은 인간 종이 되었어요.

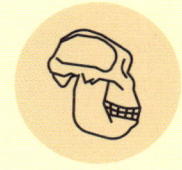 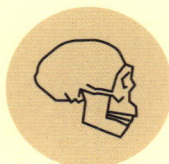 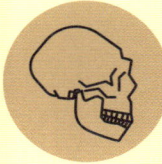 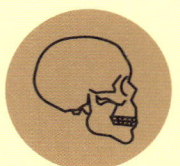

오스트랄로피테쿠스   호모 에렉투스   네안데르탈인   호모 사피엔스

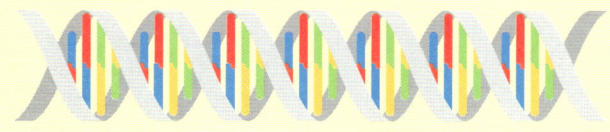

최신 DNA 분석기법을 활용하여 연구해 보니, 우리 유전자에 네안데르탈인으로부터 온 부분이 조금이나마 존재한다는 사실이 밝혀졌어요. 알고 보니 네안데르탈인은 완전히 사라진 게 아니었어요. 호모 사피엔스와 짝짓기를 하면서 피가 섞이게 되었죠.

트로이의 목마는
나무로 만든 말이라는데...

전하는 이야기에 따르면 '트로이의 목마'는 3천 년도 더 전에 그리스 병사들이 만든 거대한 나무 조각상이었다고 해요. 당시 그리스군은 트로이를 함락하지 못한 채 10년이 흐른 상태였죠. 트로이는 오늘날의 튀르키예에 세워졌던 고대 도시랍니다.

트로이 사람들이 철통같은 요새 도시의 성 안으로 목마를 끌고 들어가자 그 안에 숨어 있던 소수 정예의 그리스 군단이 성문을 열 기회를 잡았고, 결국 그리스 군대가 트로이를 정복할 수 있었다는 것이죠.

트로이는 수천 년 동안 신화 속에만 존재하는 도시로 여겨졌어요. 그러다가 고고학에 푹 빠졌던 독일의 사업가 하인리히 슐리만이 1870년에 트로이 유적을 발견하게 되었죠.

슐리만의 발굴로 사람들은 트로이라는 도시가 실제로 존재했다는 사실을 알게 되었어요. 하지만 '트로이의 목마' 이야기는 아직도 신화로 남아 있답니다.

혹시 그냥 장삿배는 아니었을까?

고대 지중해 지역에서는 뱃머리 장식으로 말을 조각하는 경우가 아주 흔했어요. 그러다 보니 트로이의 목마가 사실은 나무로 만든 상선 즉 장삿배였다고 보는 고고학자들도 있답니다. 그리스 군사들이 그 배 안에 몸을 숨기고 있었거나, 상인으로 위장했을 것이라고요.

생각해 보세요. 전쟁이 10년이나 이어진 끝에 적군이 선물이라면서 거대한 목마를 보냈는데, 과연 트로이 사람들이 내부를 살펴보지도 않은 채 덥석 받아들였을까요?

호메로스는 기나긴 서사시 〈일리아스〉와 〈오디세이아〉를 지은 사람으로 알려져 있어요. 기원전 8세기에 살았던 인물이니 그가 지은 시들은 입에서 입으로 구전되었죠. 그러다가 몇 백 년이 지난 뒤 문자로 기록되고 나서야 사람들이 읽고 암송하게 되었답니다.

'모아이' 조각상의 슬픔:
환경 파괴의 재앙일까?

유네스코가 '세계문화유산'으로 지정한 라파 누이는 태평양에 자리한 외딴 화산섬이에요. 1000년 즈음 폴리네시아인들이 처음 이 섬으로 이주해 살았다고 해요. '이스터 섬'으로 더 잘 알려진 이 섬은 환경 착취의 폐해를 보여주는 본보기로 자주 언급된답니다.

지금까지 알려진 이야기에 따르면, 주민들이 거대한 석상 수백 개를 만드느라 섬의 종려나무를 몽땅 베어버렸다고 해요. 세계적으로 유명한 얼굴 모양의 돌 조각상 '모아이' 말이에요. 삼림이 파괴되면서 대기근이 발생했고 결국 내전이 벌어지는 바람에 인구가 줄었다는 거예요. 후손이 끊길 정도로요.

외부인이 가져온 전염병일까?

그런데 최근 들어 새로운 이론이 나오고 있어요. 라파 누이가 환경 파괴로 무너졌다는 이야기에 의문을 제기하는 이론이죠. 수백 년 동안 나름대로 자연과 더불어 살면서 인구가 번창했던 섬 문명이 어째서 하루아침에 몰락하고 말았을까요?

최신 이론에 따르면, 유럽인들과 접촉하면서부터 문제가 생겼다고 해요. 온갖 새로운 질병 때문에 주민들이 떼죽음을 당했죠. 또 1862년에는 상당수 인구를 노예로 붙잡아서 페루로 끌고 갔고요. 광산에서 강제노동을 시키려고요.

라파 누이는 세상으로부터 고립된 섬이라 외부의 질병에 취약했다는 것이죠. 유럽인이 가져온 전염병은 아마도 라파 누이 사람들에게는 치명적이었을 거예요.

아메리카 대륙은 누구도 발견하지 않았다

크리스토퍼 콜럼버스는 아메리카 대륙을 발견한 인물로 유명하죠. 그런데 1492년 10월 콜럼버스가 첫발을 디딜 당시 아메리카 대륙에는 이미 수백만 명이 살고 있었답니다. 그렇다면 과연 콜럼버스가 아메리카 대륙을 발견했다고 보는 게 맞을까요?

더군다나 콜럼버스는 자신이 도착한 곳이 신대륙이라는 사실을 꿈에도 몰랐어요. 죽는 날까지 아시아에 간 줄로 철석같이 믿었죠. 콜럼버스가 밟은 땅이 실제로는 아시아 대륙이 아니라 '새로운' 대륙이라고 제일 먼저 지적한 사람이 바로 아메리고 베스푸치예요. 그래서 16세기부터 유럽인들은 신대륙을 '아메리카'라고 부르기 시작했답니다.

콜럼버스가 아메리카 대륙에 도착하기 적어도 2만 년 전에 시베리아의 수렵채집인 부족들이 알래스카로 이주하기 시작했어요. 그때는 아시아 대륙과 아메리카 대륙이 연결되어 있었거든요. 지금은 물속에 잠긴 기다란 땅으로 이어져 있었죠. 그 후 1천 년 사이에 폴리네시아인들이 어렵게 배를 타고 남아메리카 땅으로 오게 되었고요. 심지어 바이킹도 콜럼버스보다 500년이나 앞서 그린란드와 뉴펀들랜드에 터를 잡았죠. 그린란드는 북아메리카 북동부 대서양과 북극해 사이에 있는 섬이고, 뉴펀들랜드는 캐나다 동쪽에 자리한 섬이랍니다.

3.
인간은 자연의 일부

인간은 자연의 일부예요. 그러니 지구 행성의 몰락을 재촉하는 모든 행위는 우리 종의 미래를 위태롭게 만들죠.

지구를 보호하고 생물 다양성을 지키기 위해 고민해 봐야 할 인간 활동은 한두 가지가 아니에요. 대기오염, 살충제 생산, 공장식 축산, 플라스틱 투기 같은 문제들 말이죠. 그사이 멸종 선언되는 동식물 종은 해마다 새로이 늘고 있답니다.

정치 지도자들은 이제라도 인간이 환경에 미치는 영향을 줄일 방법을 더 비판적으로 생각해 봐야 해요.

다음 차례는:
생물 다양성과 야생동물 생각해 보기

역사 이래 인간은 수많은 종의 동물을 멸종으로 내몰았어요. 호모 사피엔스가 오스트레일리아와 아메리카 대륙에 발을 디딘 후 몇백 년이 지나지 않아 몸집이 큰 동물 대부분이 사라졌죠. 요즘 들어서는 인간 활동 때문에 씨가 마른 종의 수가 과거와 비교할 수 없는 수준에 이르렀고요.

멸종이 선언된 종의 수는 해마다 늘고 있어요. 대부분 서식지 파괴와 사냥 때문에 사라지고 있죠. 2021년에는 미국 남동부 지역의 토착 새인 상아부리딱따구리가 그 주인공이었어요. 미국 정부에서 공식적으로 멸종 선언을 했거든요. 그래도 새를 관찰하는 탐조객 중에는 희망을 버리지 않은 사람도 있어요. 나중에라도 미국이나 카리브해 지역에서 상아부리딱따구리가 목격될 가능성이 있다고 생각한답니다.

사라지는 곤충:
어떻게 해야 꿀벌을 보호할 수 있을까?

살충제는 해충, 잡초, 각종 곰팡이 병으로부터 농작물을 보호하려고 만든 화학제품이에요. 그런데 농사를 지을 때 이런 화학물질을 사용하면 다른 곤충도 해칠 수 있어요. 벌, 나비 등 꽃가루를 옮기는 '수분 매개자' 즉 꽃가루받이 매개자로서 생태계에 꼭 필요한 곤충들 말이죠.

지금처럼 꿀벌의 숫자가 급격하게 줄면 생물다양성을 해칠 뿐 아니라 곤충을 통해 꽃가루받이가 이루어지는 식량 작물의 생산에도 영향을 미친답니다. 따라서 막대한 양의 화학제품을 환경에 쏟아 붓는 행위는 그다지 현명하다고 보기 어렵죠.

공장식 축산의 커다란 문제

인간은 수만 년 전부터 동물을 길들이면서 사육했어요. 그때부터 가축은 우유, 치즈, 요구르트, 달걀, 고기의 형태로 인간의 식생활에서 빼놓을 수 없는 단백질 공급원이 되었죠. 양털, 모피, 가죽 등 유용한 물자도 제공해 주었고요.

그런데 최근 몇십 년 사이 축산업이 고도로 산업화하면서 동물을 그저 단백질 공급 기계로 취급하기에 이르렀어요. 엄연히 감정을 느끼는 존재인데 말이죠. 동물을 가둬 놓고 키우는 것은 단순히 잔인한 행위로만 그치지 않아요. 환경을 오염시키는가 하면, 세균이 항생제에 내성을 키울 수 있는 환경을 조성해 신종 바이러스를 만들어낼 수 있답니다.

대체 단백질 공급원을 찾아서

배양육

생명공학 연구자들은 전통적인 축산 방식과는 다른 대안을 내놓고 있어요. '바이오리액터'라는 생물반응기에서 세포배양 고기를 생산하는 것이죠. 동물에 고통과 슬픔을 안기지 않고도 양질의 단백질을 얻을 수 있고, 공장식 축산이 환경에 미치는 막대한 영향을 줄일 수 있는 방법이랍니다.

식물성 고기

갈수록 늘어나는 단백질 수요를 감당할 또 다른 대체 공급원은 식물이에요. 혹시 병아리콩이나 대두로 만든 버거 또는 너깃을 먹어본 적 있나요?

1931년 유명한 영국의 정치인 윈스턴 처칠은 실험실에서 고기 키우는 세상을 상상했어요. 그러면서 이런 글을 내놓았죠.
"우리는 가슴살이나 날개 살을 먹으려고 닭 한 마리를 통째로 기르는 어리석은 짓을 할 필요 없이 적절한 도구를 써서 각 부위를 따로따로 키워낼 수 있을 것이다."
드디어 2013년에 세계 최초로 실험실에서 배양한 고기로 만든 햄버거가 등장했답니다.

지구 행성을 위한 행동:
그린피스의 탄생

1971년 9월 소수의 캐나다 환경운동가들이 서로 뭉치게 된 일이 있었어요. 그들은 알래스카의 어느 외딴 섬에서 진행할 예정인 핵폭탄 실험을 중단시키려고 힘을 합쳤죠. 결국 핵폭탄 실험은 막지 못했지만, 이 활동을 계기로 '그린피스'가 설립되었답니다. 최초의 세계 환경단체이자 가장 유명한 환경단체로 꼽히는 곳이죠.

그린피스 활동가들은 수십 년 동안 지구 보호 운동을 펼쳤어요. 정부, 바다표범 사냥꾼, 고래잡이배, 환경오염을 일으키는 다국적 기업과 선동 정치인에 맞서서요. 하지만 안타깝게도 오늘날의 세상은 1971년보다 지속가능한 상태가 아니에요. 따라서 우리 행성을 보호하기 위한 활동이 여전히 필요하죠.

그레타 툰베리를 아시나요?

스웨덴에 사는 여자 어린이 그레타 툰베리는 기후변화 방치에 항의하고자 등교거부 운동을 벌이기 시작했어요. 그리고 세계적인 환경운동가가 되어 지금까지 수많은 세계 기후 정상회의에서 연설을 해왔답니다. 어린 아이가 각국의 지도자들에게 호소하기 위해 학교를 떠날 수밖에 없었다는 것은 그만큼 정치인들이 제몫을 다하지 않았다는 뜻이죠.

값싸고 손쉬운 환경오염 행위

미국 뉴저지주에 있는 리파리 매립지는 원래 모래·자갈 채취장이었어요. 그런데 1958년부터 1971년까지 수십 년 동안 화학폐기물과 산업폐기물이 든 통, 수천 개를 버리는 처리장으로 쓰면서 미국에서 가장 유독한 땅이 되고 말았어요.

매립지에 버린 독성물질 때문에 주변의 호수는 물론이고 지하수를 품은 지층까지 오염되었어요. 연방정부는 정화 비용으로 수천억 원을 들여야 했죠. 오염을 일으킨 쪽에서 매립비용으로 지불한 돈은 폐기물 한 통당 고작 몇십 원에 불과했어요. 그런데 독극물이 든 통 하나를 제거하는 데는 앞으로 국민세금 수백만 원이 들어가게 된답니다.

우리 몸에서 소화되는 플라스틱 폐기물

해마다 플라스틱 폐기물 수백만 톤이 바다로 흘러들어가요. 물, 바위, 모래에 쓸리면서 조각조각 부서져 플라스틱 파편이 돼요.

이 미세 플라스틱 조각은 우리가 먹는 음식과 물에 스며들어요. 여러 과학연구 결과에 따르면, 한 사람이 매주 평균적으로 신용카드 한 장 분량의 플라스틱을 삼킨다고 해요.

4. 큰 회사들이 어째서 망하는 걸까?

엄청난 수익을 거두고 직원을 수천 명씩 거느리던 대기업들이 파산하고 사라지기도 해요. 업계의 거대 기업보다 규모가 작은 회사들도 어떻게든 오래 살아남아 번창하는데 말이죠. 왜 이런 일이 벌어지는 걸까요?

이유를 대자면 끝이 없어요. 오늘날 기술이나 고객 성향이 전에 없이 빠른 속도로 진화하고 있지만, 모든 기업이 변화를 받아들일 준비가 되어 있지는 않아요. 승승장구하던 수많은 기업이 경영진의 오만한 태도, 위계적인 구조, 관료주의, 내부 경쟁 때문에 몰락하죠.

회사를 건강하게 유지하려면 일터에서도 비판적으로 생각하는 능력을 반드시 키워야 해요.

혁신이 불가능한 관료주의:
제너럴 모터스의 파산

엄청 많은 사람이 함께 일하는 회사나 조직은 때로는 업무의 효율성을 위해서 상하를 나누고 규율을 정해서 일을 할 필요가 있어요. 하지만 이것이 지나치면 일보다는 서로 서열과 규율만을 따지고 중요시하는 관료주의가 만연하는 조직이 될 수 있어요. 그러면 회사는 업무 처리 속도가 너무 느려지면서 혁신이 불가능해요. 이렇게 조직이 지나치게 경직되면 융통성을 발휘하기 힘든 탓에 시장의 변화에 적응하지 못하여 회사나 조직이 파산하는 경우가 생겨요.

제너럴 모터스는 한때 미국에서 가장 큰 자동차 제조회사였지만, 2009년에 결국 파산 신청을 했어요. 불과 1년 전, 작은 창업기업이었던 테슬라는 첫 번째 전기 차 모델을 출시했는데 말이죠.

관료주의
관료란 국가 기관에서 일하는 공무원을 말해요. 관료가 국민에게 봉사하는 자세를 떠나 독선적, 획일적, 억압적인 입장을 취하는 태도나 특성을 비판적으로 이르는 말을 관료주의라고 해요.

리먼 브라더스 사건

'내가 최고'인 나르시시스트와 권위적인 관리자는 합리적인 비판과 문제제기에 아랑곳하지 않으면서 지나치게 자신만만한 분위기를 조성해요. 그러면서 회사가 새로운 도전을 무시하도록 부추겨 위험을 자초하기 쉽죠. 이런 기업에서는 반대의견이 묵살되기 일쑤예요. '예예'하면서 말 잘 듣는 직원은 윗사람의 비위를 맞추는 데 몰두하고요. 비판적으로 생각해 보고 회사에 진짜 필요한 일 또는 문제점을 솔직하게 얘기하지 않죠.

리먼 브라더스가 딱 그런 경우였다고 볼 수 있어요. 미국에서 가장 큰 금융회사 중 하나였지만 2008년에 무너지면서 전 세계에 심각한 경기침체를 몰고 왔죠. 리먼 브라더스를 마지막으로 이끈 최고경영자(CEO)의 별명이 다름 아닌 '고릴라'였답니다. 공격적으로 밀어붙이는 경영 방식으로 유명했거든요.

나르시시스트
지나치게 자기 자신만을 생각하고 다른 사람을 배려할 줄 모르는 것을 나르시시즘이라 하고 그런 사람을 나르시시스트라고 해요. 연못 속에 비친 자기 자신을 너무 사랑하다 죽은 그리스 신화의 미소년 나르키소스에서 유래한 말이에요.

시대의 흐름을 읽지 못하는 위험성:
넷플릭스와 블록버스터

2000년 9월 넷플릭스의 공동 창업자들은 5천만 달러(670억 원 이상)에 회사를 팔려고 했어요. 당시 미국에서 가장 잘나가는 비디오 대여 전문 회사이자 넷플릭스의 주요 경쟁사였던 '블록버스터'에 말이죠.

2010년 블록버스터가 파산 신청을 했을 때, 넷플릭스의 기업 가치는 수십억 달러(수조 원)에 이르렀답니다.

넷플릭스 창업자들은 몇 달을 기다린 끝에 블록버스터의 최고경영자(CEO)를 만나게 됐어요. 하지만 곧바로 제안을 거부당했죠. 블록버스터의 최고경영자는 회의 시간 내내 넷플릭스의 제안이 어이없었다고 여겨 웃음을 참느라 진땀을 뺐고요.

다르게 연결하기:
핀란드 노키아의 자만

2007년 스티브 잡스가 아이폰을 처음 선보일 당시 세계 휴대전화 시장에서 선두를 차지한 것은 핀란드 기업인 노키아였어요. 하지만 불과 몇 년 사이 노키아는 시장점유율과 주가가 곤두박질쳤고, 결국 휴대전화 사업 부문을 마이크로소프트에 매각했답니다.

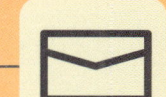

노키아는 품질이 뛰어난 전화기를 만들었어요. 그러나 성공에 취해 있던 최고경영진은 아이폰이 단순한 휴대전화가 아니라 손안의 노트북 컴퓨터라는 사실을 알아차리지 못했죠. 애플은 사람을 서로 연결하는 방식을 바꿈으로써 이동통신 시장에 혁신을 일으켰답니다.

투기가 불러온 거품:
시장이 이성을 잃을 때

여러분은 튤립 한 송이에 얼마를 지불할 건가요? 17세기 네덜란드에서는 튤립 한 송이의 가격이 수도 암스테르담 한복판에 있는 집 한 채 값이었답니다.

투기적 가격 거품이란, 기본적으로 어떤 상품이나 자산의 가격이 앞으로 계속 오르리라는 투자자들의 확고한 믿음 때문에 발생하는 사회 현상이에요. 미래에 대한 기대에 맞춰 행동함으로써 기대를 현실로 만드는 자기 충족적 예언인 셈이죠.

그런데 문제는 투기 거품도 비누 거품처럼 어느 순간 뻥! 하고 터지게 마련이고, 결국 엄청난 경기 침체로 이어진다는 거예요. 지금껏 튤립, 주식, 부동산, 금, 암호 화폐, 석유 등등이 그러했죠.

비이성적인 투기를 경계하라. 이것이 바로 역사가 가르쳐주는 교훈이랍니다.

적정 가격이란?

튤립은 그저 꽃일 뿐이에요.
금은 그저 금속일 뿐이고요.
비트코인은 정보의 기본 단위인 비트 뭉치일 뿐이죠.
그런데도 어째서 우리는 그토록 많은 가격을 지불하곤 하는 걸까요?

5. 부당함과 불평등에 대항하기

인권과 시민권이란 무엇일까?

인류 역사에서 대부분의 시기 동안 인간은 위계적이고 권위적이며 폭력적인 사회에서 살았어요. 인권과 시민권이 무시되었죠. 현대에 들어와서 눈에 보이는 부당함과 불평등은 줄었지만, 지금도 사회 깊숙이 뿌리 박혀 있어요.

인간의 기본권과 시민으로서의 행동, 사상, 재산, 신앙의 자유가 법으로 보장되고 정치에 참여할 수 있는 권리를 시민권이라고 해요. 이런 시민권 투쟁의 지난한 역사에서 첫 번째 이정표가 된 중요한 사건이 있어요. 1789년 프랑스 국민의회가 '인간과 시민의 권리 선언'을 채택한 일이었죠. 시간상으로 좀 더 가깝게는 1948년 국제연합(유엔)에서 '세계 인권 선언'을 발표했고요.

그런데 법이나 선언만으로는 이루고자 하는 목표를 완전히 달성하지 못해요. 비판적 사고야말로 부당함과 불평등에 문제를 제기하고, 인권을 파괴하는 행위에 맞서 싸우는 강력한 도구랍니다.

여성 참정권을 위한 오랜 투쟁

인류의 절반은 여성이지만 오늘날까지도 여성의 권리와 남성의 권리는 동등하지 않아요. 심지어 가장 현대적인 사회라고 하는 선진국도 크게 다르지 않아요. 한번 살펴 볼까요?

어느 나라에서든 여성은 남성보다 기회도 소득도 적어요. 게다가 많은 곳에서 차별받고, 착취와 폭력의 대상이 되고 있어요. 가장 앞선 민주주의 국가조차 꽤 최근에야 여성이 주권자로서 정치에 참여할 수 있는 권리 가운데 하나인 투표할 수 있는 참정권 같은 기본권을 인정했답니다.

여성 참정권 획득 연도

세계 일부 국가에서 여성의 참정권을 얻은 연도입니다. 뉴질랜드는 최초로 여성에게 투표권을 부여했어요. 아직 아프가니스탄처럼 여성 투표권이 없는 나라도 있습니다.

1893 뉴질랜드
1914 제1차 세계대전
1917 러시아
1919 독일
1920 미국
1928 영국
1931 스페인

여성 참정권을 반대한 여성

1931년 스페인의 정치인 클라라 캄포아모르는 제2공화국 제헌의회 의원으로서 여성 참정권을 주창했어요. 그러나 역설적이게도 진보주의자를 자처한 한 여성이 누구보다 적극적으로 이를 반대하고 나섰어요. 사회주의자(사유 재산 제도를 폐지하고 생산 수단을 사회화하여 모든 사람이 노동의 대가로 평등하게 분배받는 사회를 지향하는 사상을 가진 사람) 빅토리아 켄트라는 여성이었죠. 켄트는 투표권을 가진 여성들이 혹시라도 교회나 남편의 영향을 받아 기존의 사회질서와 계층을 옹호하는 정치 입장을 지닌 쪽을 지지할까 봐 반대표를 던졌다는 거예요. 그래도 마침내 여성 참정권이 인정되었지만, 실제로 여성들이 투표에 참여한 것은 두 번에 그치며 중단되고 말았어요. 1939년 독재자가 권력을 잡으면서 약 40년 동안 스페인에서 민주주의가 사라졌거든요.

2015년에서야 사우디아라비아 여성은 선거권을 가지게 되었어요.

세계에서 가장 선진적인 나라 중 하나인 스위스는 유럽에서 여성 참정권을 가장 늦게 승인한 나라가 되었어요.

1971년까지 스위스에서는 여성 참정권이 없었어요. 1959년, 남성들만이 투표할 수 있는 국민투표에서 여성의 투표권은 여전히 거부되었어요.

1932 브라질 · 1939 제2차 세계대전 · 1944 프랑스 · 1945 이탈리아 · 1946 일본 · 1947 아르헨티나 · 1948 한국 · 1950 인도 · 1971 스위스

우리도 투표권을!

두 노벨 평화상 수상자의 꿈

루서 킹과 만델라 두 사람 모두 부당한 법에 맞서 꿈을 지키기 위해 개인적으로 큰 대가를 치렀답니다. 전 세계적으로 소수인종의 시민권 보장은 지금도 갈 길이 먼 과제이에요. 루서 킹과 만델라는 부당함에 문제를 제기했고, 세계인들의 존경을 받는 상징적인 인물이 되었죠.

마틴 루서 킹 주니어 (1929.01.15~1968.04.04)
목사이자 인권 운동가로 미국 내 흑인의 인권 운동을 이끌었어요. 흑인 인권신장 운동에 있어서 비폭력적이고 점진주의적인 방법의 필요성을 주장했어요. 1964년 노벨 평화상을 받았어요. 1968년 4월 4일 백인 우월주의자의 총탄에 사망했어요.

교묘한 차별 알아내기

넬슨 만델라 (1918.07.18~2013.12.05)
남아프리카공화국 옛 백인 정권의 인종차별에 맞서 투쟁을 지도했고 그 이유로 오랜 세월 감옥 생활을 했어요. 석방 후 선거에서 뽑혀 남아프리카공화국 최초의 흑인 대통령이 되었어요.
대통령이 되고 나서 진정으로 뉘우친 사람은 '용서하되 잊지 말자'는 슬로건으로 정적을 용서했고 1993년 노벨평화상을 수상했어요.

넬슨 만델라를 석방하라

우리는 아직도 세계 곳곳에서 젠더, 인종, 신앙 때문에 차별받는 사람들을 발견할 수 있어요. 루서 킹과 만델라가 살던 시대처럼 불공평한 법 때문에 부당한 일이 벌어지기도 하지만, 그보다 눈에 띄지 않는 형태로 교묘하게 차별이 이루어지는 경우도 있답니다.

불평등과 빈곤에 대한 생각

세계에서 가장 부유한 사람들과 가장 가난한 사람들 사이의 불평등 격차는 해가 갈수록 벌어지고 있어요. 빈민 구호 연합 단체인 옥스팜(Oxfam)에서 조사한 결과에 따르면, 재산이 10억 달러(약 1조 3천억 원)가 넘는 소수의 억만장자들이 평범한 사람 수십억 명의 재산을 합친 만큼의 부를 소유하고 있어요.

가장 부유한 1%가 세계 전체 인구 90%의 두 배나 되는 부를 소유하고 있어요. 불평등은 전쟁과 범죄를 일으키고 발전을 늦추며 일하고자 하는 의욕과 아이디어를 빼앗아가는 등 인류에게 큰 해를 끼쳐요. 불평등을 줄이기 위해서는 자신의 부에 합당한 세금을 내야 합니다. 이 돈은 병원과 학교, 사회복지에 투자되어야 해요. 돈은 가난한 사람에게 더 많은 기회와 공정한 조건이 주어지도록 불평등을 해소하고 모든 사람이 존엄하게 살아갈 수 있는 도구로 쓰여야 합니다.

전 세계적으로 약 7억만 명 이상이 극심한 빈곤 속에 살고 있어요. 빈곤은 전쟁과 부패, 차별, 문맹, 가뭄과 홍수 같은 기후 현상 등으로 발생해요. 세계인구의 절반이 하루 6달러 미만으로 생활하고 있어요.

6.
비판적으로 사고하는 능력 기르기

지금은 비판적으로 생각할 줄 아는 사람이 그 어느 때보다 필요한 시대예요.
허위정보, 언론 조작, 소셜네트워크의 영향력, 정부와 기업의 감시가 늘어나는 상황에서 사실과 현실을 토대로 스스로 판단하고 결정할 수 있는 사람들이 균형을 잡아 주어야 하죠. 현대 민주주의 국가에서는 그저 지시를 따르기보다 질문을 던지는 시민, 정보를 바탕으로 상황을 제대로 파악할 줄 아는 시민이 필요해요.

쉽지 않은 과제이지만, 다행히 비판적 사고는 학습과 훈련을 통해 키울 수 있는 능력이랍니다.

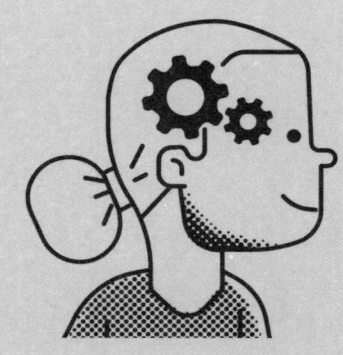

비판적 사고력 학교:
자기 자신의 발견과 문제 해결 능력

비판적 사고력을 키우는 데 핵심적인 역할을 하는 곳이 바로 학교예요. 현대 교육은 단순 암기보다 학생들의 호기심과 상상력을 북돋는 데 힘을 쓰는 것이 중요한 과제가 되고 있어요.

발도르프 교육

1919년 9월 루돌프 슈타이너는 독일 남서부에 자리한 도시인 슈투트가르트에 학교를 열었어요. 담배 공장 직원의 자녀를 위한 학교였죠. 발도르프 학교에서는 춤, 미술, 음악, 민간 설화를 활용해 아이들의 상상력을 자극했어요. 학생들이 경쟁보다는 자기 자신을 발견하는 일에 힘쓰도록 이끌었고요. 단순한 지식 전달이 아니라 학생들 스스로 실습을 통하여 깨치고 익히는 교육이 중심을 이루었어요.

현재 1천 개가 넘는 발도르프 학교가 세계 곳곳에 있어요. 발도르프 학교에서 키우고자 하는 능력 가운데 하나가 바로 비판적 사고력이에요.

몬테소리 교육

이탈리아 사람인 마리아 몬테소리는 1896년 대학에서 의학을 전공해 학위를 받았어요. 그리고 몇 년 뒤 소아과 의사로 일한 경험을 살려 새로운 교육법을 만들었어요. 체험학습, 자주적인 활동, 협동놀이를 바탕으로 문제를 해결하고 비판적으로 생각하는 능력을 북돋는 교육법이랍니다.

몬테소리 학교에서는 아이들이 배우는 동안 스스로 관심분야를 선택할 수 있어요. 선생님은 권위를 휘두르는 일 없이 학생을 관찰하면서 이끌어 주고요.

디지털 기술의 위험성:
거짓 정보와 자유의 침해

디지털 기술 때문에 인권 중에서도 사생활의 비밀과 자유가 침해당하고 위협받고 있어요. 영국의 언론인이자 작가인 조지 오웰은 이미 오래전에 그 위험성을 그려냈답니다. 오웰은 1936년부터 1939년 사이에 벌어진 스페인 내전에 참전했어요.

그는 전장에서 겪은 일을 바탕으로 《1984》, 《동물농장》 같은 책을 썼죠. 두 소설에는 사실을 왜곡하는 거짓 정보와 전체주의 체제의 감시가 얼마나 위험할 수 있는지 잘 드러나 있답니다. 독자를 비판적으로 생각하게 만드는 작품들이죠. 전체주의란 강력한 국가권력이 국민 생활을 간섭하고 통제하는 사상 및 그 체제를 말해요.

온라인 조작:
감시자는 누가 감시할 것인가?

소셜네트워크 업계의 주된 목적 가운데 하나는 데이터를 수집하는 거예요. 대기업이나 정부는 그 데이터를 활용해서 소비자나 유권자의 행동을 예측하죠. 이것이 바로 데이터의 진정한 가치랍니다.

문제는 소비자와 유권자가 조종당할 수 있다는 점이에요. 허위정보를 퍼뜨리고 확대해서 소셜미디어 사용자가 과격한 시각을 갖도록 부추기는 것이죠. 더 예측하기 쉽게 행동하도록 유도하려고요. 사람의 생각을 통제하면 사람들이 앞으로 뭘 살지, 어디에 투표할지 통제할 수 있답니다.

에드워드 스노든

소설보다 더 소설 같은 일이 2013년에 실제로 벌어졌어요. 에드워드 스노든은 미국 정부의 컴퓨터 시스템 분석가로 일했어요. 그러다가 미국이 비밀리에 대량 감시 프로그램을 운용하고 있다는 것을 알고서 그 사실을 폭로했답니다.

권력을 향해 진실을 말하는 태도

1837년 덴마크의 안데르센이 쓴 《벌거벗은 임금님》은 권력자를 향해 진실을 말하는 용기와 비겁함에 관해 다루고 있어요. 그런데 실지로 이런 일이 프랑스에서 벌어졌어요. 1898년 1월 13일 프랑스의 소설가이자 지성인 에밀 졸라는 신문에 "대통령님, 저는 진실을 말합니다."로 시작하는 〈나는 고발한다〉라는 제목의 글에서 간첩 누명을 쓰고 종신형을 받은 유대인 군인 드레퓌스는 무죄라고 폭로해요.

당시 대부분의 사람은 유대인인 드레퓌스의 간첩 행위를 사실이라 믿었기에 그를 무죄라고 주장하는 것은 엄청난 용기가 필요한 일이었어요. 아니나 다를까 사회에 큰 파장이 일었고 에밀 졸라는 징역 1년에 벌금 3천 프랑을 선고 받게 되자 이를 피해 영국으로 망명하면서 싸웠어요. 마침내 진실이 드러나면서 드레퓌스도 무죄를 선고 받고 에밀 졸라도 승리하게 되었어요.

에밀 졸라(1840.04.02~1902.09.29.) 프랑스의 자연주의 소설가이자 비평가예요. 작품 속에서 사회의 어두운 면이나 군중의 집단적인 심리를 세밀하게 묘사했어요. 드레퓌스 사건으로 인해 행동하는 지식인의 상징과도 같은 인물이에요. 여러 작품이 있지만 우리나라에 많이 알려진 작품으로는 《목로주점》이 있어요.

안데르센의 동화와 드레퓌스 사건은 진실은 일시적으로 가릴 수 있지만 끝내 밝혀지기에 권력에 맞서 비겁함과 두려움을 이겨내고 진실을 말하는 것이 얼마나 소중한지 알려주고 있어요.

7.
과학과 비판적 사고

거인의 어깨위에 올라서기

1천 년 동안 인간의 지식은 미신과 종교 교리에 지대한 영향을 받았어요. 근대에 이르러 과학혁명과 계몽주의를 주창한 사람들이 신화에 의문을 던지고, 사회 곳곳에 퍼진 무지와 씨름하기 시작했죠.

남들보다 먼저 실험정신과 비판적 사고를 실천한 그들은 현재 상태에 의문을 제기했다는 이유로 갈등을 겪고 박해를 받았어요. 때로는 감옥에 갇히거나 공개적으로 망신을 당해야 했고요. 하지만 이 선구자들 덕분에 우리 사회는 상상도 못할 수준으로 진보했죠. 아이작 뉴턴이 말했듯이 우리는 거인의 어깨 위에 서 있는 셈이에요. 그러니 우리보다 앞서 진실을 찾아 나선 이들에게 경의를 표해야 마땅합니다.

과학 박해:
400년 만의 반성문

1633년 가톨릭교회는 이탈리아의 천문학자 갈릴레오 갈릴레이(1564~1642)를 법정에 세웠어요. 지구가 태양 주위를 돈다는 내용이 담긴 책을 펴냈다는 이유로요.

갈릴레오는 니콜라우스 코페르니쿠스가 주장한 지동설에 영감을 받아 이 책을 썼어요. 그런데 지구를 태양계의 중심으로 본 가톨릭 교리와 모순되었죠. 이단(정통 이론에 많이 벗어난 교리, 주의, 주장)으로 몰릴 수 있는 상황에서 갈릴레오는 자신이 발견한 사실을 철회할 수밖에 없었어요. 그리고 남은 평생 동안 집에서 한 발짝도 나갈 수 없는 벌을 받았답니다.

갈릴레오의 책은 위험한 금서로 지정되어 감시 대상이 되었고요. 하지만 오늘날 갈릴레오는 과학적 방법론과 근대 과학의 아버지로 인정받고 있죠.

가톨릭교회는 약 400년이 지난 1992년에야 갈릴레오가 옳았다고 비로소 인정하고 사과했답니다.

최후의 승자 다윈:
원숭이라 놀림 받은 사나이

선구적이고 혁신적인 과학자들은 대개 저항에 부딪히고, 다툼에 휘말리며, 동료나 동시대 사람들의 반발로 괴로워하게 마련이에요. 영국의 박물학자 찰스 다윈도 예외가 아니었죠. 1859년 다윈이 진화론을 발표하자 사람들은 원숭이의 몸에 그의 얼굴을 그려 넣어 조롱했답니다.

인류의 기원을 공통조상인 유인원과 연결 지은 다윈의 책은 격렬한 반발을 불러일으켰어요. 종교적 전통과 어긋났으니까요. 진화론은 인간의 기원뿐 아니라 지구에 사는 생명체의 어마어마한 다양성을 설명하는 이론이에요. 1882년 다윈이 세상을 떠날 무렵에야 다른 사람들도 대부분 그의 견해를 받아들이게 되었죠. 다만, 과학을 부정하는 사람들 사이에서는 다윈이 내세운 진화론이 아직도 뜨거운 논쟁거리랍니다.

낙관적인 태도:
쓸데없는 자존심을 치료하는 최고의 백신

투지, 끈기, 낙관적인 태도는 위대한 과학자들의 주요한 자질이에요. 헝가리 출신의 생화학자 카탈린 카리코 역시 이 세 가지 자질 덕분에 연구 활동을 이어갈 수 있었죠.

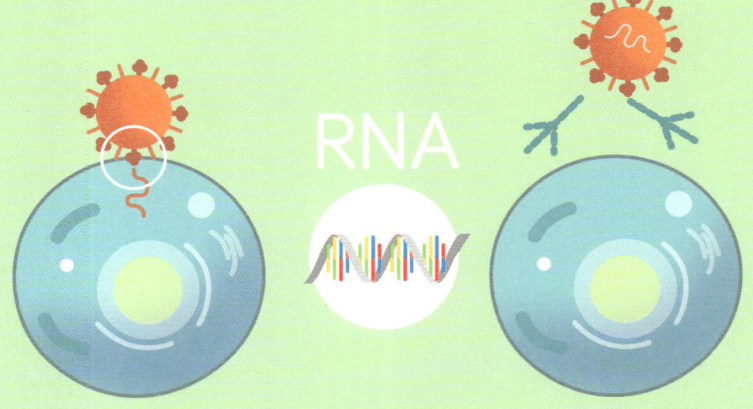

카탈린 카리코

카리코는 1985년에 가족과 함께 미국으로 이주했고 수십 년 동안 메신저 리보핵산(mRNA) 치료제를 연구했죠. 하지만 성과를 확신할 수 없어서 괴로운 나날을 보냈어요. 한때 연구를 계속하기 위해 더 낮은 자리로 내려가야 하는 상황도 받아들여야 했고요.

하지만 면역학자인 드루 와이스먼과 함께 발견한 메신저 리보핵산(mRNA) 기술이 마침내 허가를 받으면서 코로나바이러스감염증-19의 세계적 대유행에 맞설 백신을 생산할 수 있게 되었답니다.

카리코는 여러 번 말했어요. 과학자에게 자존심은 진보를 막는 장애물이라고요. 직함이나 신분보다는 호기심과 지식을 항상 앞에 두어야 해요.

노벨 생리의학상 공동 수상!
카탈린 카리코와 드루 와이스먼은 2023년 메신저 리보핵산(mRNA) 기술 개발 공로로 마침내 노벨 생리의학상을 수상했어요.

카리코는 정육점 주인의 딸인 헝가리 이민자였어요. 그녀는 자신을 차별하는 환경에 직면했을 때에도 위축되지 않고 연구했어요. 훗날 인터뷰에서 그녀는 "그들이 나를 그렇게 홀대하지 않았다면 코로나-19에 대한 RNA 백신은 존재하지 않았을 것"이라고 말했어요.

내가 틀릴 수 있다는 것을 받아들일 자세

과학은 언제라도 바뀔 수 있는 학문이에요. 과학자들은 새로운 이론에 마음을 열고, 때로는 자신이 틀렸다는 사실을 받아들여야 하죠. 한 사회 안에서 이루어지는 자원의 배분과 부의 분배를 연구하는 지식분야인 경제학도 마찬가지예요.

20세기 가장 영향력 있고 뛰어난 경제학자로 꼽히는 존 메이너드 케인스는 견해를 바꾼다는 이유로 일관성이 없다는 비난을 종종 받았어요. 그때 케인스는 이렇게 말했다고 하죠. "저는 사실이 바뀌면 제 마음을 바꿉니다."

천재의 조건:
태도가 차이를 만든다

신경세포인 뉴런만이 지능을 결정짓지는 않아요. 호기심과 상상력, 서로 관련 없는 개념끼리 연결하는 능력도 지능을 좌우하는 요소랍니다. 아이작 뉴턴을 보세요. 집안 대대로 내려온 농장의 과수원에서 사과가 나무에서 떨어지는 것을 보고 중력의 법칙을 생각해냈잖아요.

이런 식으로 연결하는 능력, 현상에 의문을 제기하는 능력에 핵심적인 역할을 하는 것이 바로 비판적 사고랍니다.

아이작 뉴턴 (1642.12.25~1727.03.20)
영국의 물리학자이에요. 1687년 만유인력의 원리를 처음으로 밝혀 세계적인 과학자가 되었어요. 우리에게 '뉴턴의 운동법칙'으로 더 유명해요. 제1법칙이 관성의 법칙, 제2법칙이 가속도의 법칙, 제3법칙이 작용·반작용의 법칙이에요.

아인슈타인은 죽으면 화장되기를 바랐어요. 그런데 1955년 아인슈타인이 사망하자 그를 부검한 병리학자는 아인슈타인의 뇌를 꺼내기로 마음먹고 유리병 두 개에 나눠 담아 보관했어요. 아인슈타인의 뇌를 연구해서 천재성의 신경학적 비밀을 알아내고 싶었거든요. 지금껏 수차례 연구가 이루어졌지만 결정적인 증거는 나오지 않았답니다. 아인슈타인은 생전에 이렇게 말하곤 했어요. "나는 머리가 엄청나게 좋은 사람이 아니다. 그저 문제를 더 오래 붙들고 고민할 뿐이다."

알베르트 아인슈타인 (1879.03.14~1955.04.18.)
독일 태생의 이론물리학자예요. 상대성이론을 발표해 과학계의 혁명을 이끌었고 국제적 명성을 얻었어요. 오늘날 현대기술 중에 아인슈타인의 영향이 들어있지 않은 기술 자체가 없다고 할 정도로 지대한 영향을 미치고 있어요. 아인슈타인은 히틀러가 독일에 집권한 후 미국으로 망명하여 그곳에서 쭉 살았어요.

"답을 바꾸면 발전이 이루어진다.
질문을 바꾸면 혁명이 일어난다."

호르헤 바헨스베르그 (스페인의 물리학자)

비판적 사고력

초판 1쇄 인쇄 2023년 11월 13일   초판 1쇄 발행 2023년 12월 01일

글 마르크 가스콘   그림 에두아르드 알타리바   옮김 손성화

펴낸이 이상순   주간 서인찬   영업지원 권은희   제작이사 이상광

펴낸곳 (주)도서출판 아름다운사람들   주소 (10881) 경기도 파주시 회동길 103
대표전화 031-8074-0082   팩스 031-955-1083   이메일 books777@naver.com   홈페이지 www.book114.kr
ISBN 978-89-6513-790-0 73300

Original Title: Atrévete a preguntar
by Marc Gascón and Eduard Altarriba
© Zahorí Books, 2023
ALL RIGHTS RESERVED
This edition was published by arrangement with Icarias Agency, Korea.

이 책의 한국어판 저작권은 Icarias Agency 를 통해
ZAHORÍ DE IDEAS, S.L.와 독점 계약한 도서출판 아름다운 사람들에 있습니다.
저작권법에 의하여 한국 내에서
보호를 받는 저작물이므로 무단전재와 복제를 금합니다.

이 도서의 국립중앙도서관 출판예정도서목록(CIP)은 서지정보유통지원시스템(http://seoji.nl.go.kr)과
국가자료종합목록구축시스템(http://kolis-net.nl.go.kr)에서 이용하실 수 있습니다. (CIP제어번호 : CIP2020046116)